AF586144

LES PHILOSOPHES,

COMÉDIE,

EN TROIS ACTES, EN VERS.

Représentée pour la première fois par les Comédiens Français ordinaires du Roi, le 2 Mai 1760.

Par M. PALISSOT DE MONTENOY, de plusieurs Academies.

Non nos, odium, regnique cupido,
Compulit ad bellum.

Ovid. Métamorphos. liv. VI

Le prix est de trente sols.

A PARIS,

Chez DUCHESNE, Libraire, rue S. Jacques, au-dessous de la Fontaine S. Benoît, au Temple du Goût.

MDCCLX.

Avec Approbation & Privilège du Roi.

Extrait du Mercure de France, dédié au Roi, Juin 1753. 1. vol. page 43. (rédigé par l'abbé Raynal.)

Discours sur la vie heureuse, imprimé à Potzdam en 1748.*

L'auteur déiste dit que nous sommes tout corps; qu'il est démontré par mille preuves sans réplique, qu'il n'y a qu'une vie et qu'une félicité; que la vraie philosophie n'admet qu'un bonheur temporel. Qu'il n'y a en soi ni vices, ni vertus; ni bien, ni mal moral; ni juste, ni injuste; et traite d'ignorans, de fanatiques et de bêtes arrogantes, ceux qui n'adoptent pas ces maximes.

---

* l'abbé Raynal ignorait-il, ou feignait-il d'ignorer que la date et le nom de lieu sont supposés, et que l'édition est de Paris 1753. On attribue cet étrange ouvrage à différens auteurs, les uns à Saurin co-auteur du livre fameux de l'Esprit; d'autres à Toussaint, auteur du livre des moeurs, peint dans une comédie sous le nom de Theophraste; d'autres à l'encyclopédiste Diderot, le Dortidius de cette comédie. (Voir mes miscellanea mss. p 598. et 836. sur Pigmalion, ou la Statue animée, et sur Alciphron.)

Voltaire attribue le discours de la Vie heureuse à la Metrie. Voyez les Lett. de Volt. à M. Palissot, p. 48. 49.

LETTRE
DE L'AUTEUR DE LA COMÉDIE DES PHILOSOPHES,

AU PUBLIC,

POUR SERVIR DE PRÉFACE à la Piéce.

M. DCC. LX.

m'a été donné le 28 janvier 1767. par M. l'abbé d'Hébrail, auteur de La France littéraire.

LETTRE DE L'AUTEUR DE LA COMÉDIE DES PHILOSOPHES, AU PUBLIC.

VOUS que les Corneille, les Racine, & les Moliere *ont toujours respecté, & qui ne deviez pas vous attendre à vous voir insulté dans des Préfaces par une Secte d'hommes nouveaux qui n'ont jamais pû ni vous en imposer ni vous surprendre : Vous qui êtes exempt d'intérêt, de prévention, &*

de haine, & à qui je dois tant de reconnaissance, permettez-moi de vous soumettre les vues qui m'ont guidé dans l'Ouvrage que vous avez eu l'indulgence d'applaudir.

Quelques personnes humiliées par les encouragemens dont vous avez daigné m'honorer, n'osant attaquer directement votre suffrage, ont crié du moins au libelle & à la méchanceté J'ai cru devoir me justifier de ce reproche si étranger à mes sentimens & à mon cœur. Je vous adresse mon Apologie. Lisez & jugez.

UNE secte impérieuse, formée à l'ombre d'un Ouvrage dont l'exécution pouvait illustrer le siecle, exerçait un despotisme rigoureux sur les sciences, les lettres, les arts & les moeurs. Armée du flambeau de la Philosophie, elle avait porté l'incendie dans les esprits, au lieu d'y répandre la lumière : elle attaquait la Religion, les loix & la morale : elle prêchait le Pyrrhonisme, l'indépendance ; & dans le tems qu'elle détruisait toute autorité, elle usurpait une tyrannie universelle. Ce n'était point assez de la liberté de publier ses opinions avec faste ; elle déclarait la guerre à tout ce qui ne fléchiſſait pas le genou devant l'idole. L'Encyclopédie, cet Ouvrage qui devait être le Livre de la Nation, en était devenu la honte; mais de ſes cendres mêmes il était né des proſélytes qui, ſous le nom d'eſprits forts, inſpiraient à des femmes des idées d'anarchie & de matérialiſme.

Les maximes les plus déteſtables de *Hobbes*, de *Spinoſa*, l'eſprit le plus républicain, reſpiraient dans leurs écrits & dans leurs diſcours.

Les véritables Philoſophes, les Miniſtres de la Religion, les vrais Citoyens, tous les honnêtes gens enfin gémiſſaient de ces dogmes audacieux contre la Divinité & l'Autorité suprême. On se plaignait de ce que les foudres de l'Eglise & le glaive des loix ne leur avaient porté que des coups impuissans; mais c'était plûtôt des murmures que des plaintes; personne n'osait élever la voix.

Ces nouveaux Philosophes croyaient en imposer à la Renommée: ils distribuaient à leur gré les réputations, & les couronnes des Arts; mais nul ne pouvait y prétendre, *s'il n'était enrôlé dans la secte*. En effet, elle était si étendue, elle avait si fort percé dans tous les états de la vie, qu'elle entraînait les suffrages d'une partie de la Nation ; qui ne penſait plus que d'après ces oracles.

Il ne reſtait, pour abbattre ce parti puiſſant, que de l'attaquer par le ridicule aux yeux mêmes du Public aſſemblé : c'était ramener le théâtre à ſa première inſtitution ; &, ſans doute, il y a de la modération à n'employer que de pareilles armes contre de certains excès.

Mais il fallait avoir l'ame aſſez courageuſe, aſſez enflammée, (ſi je l'oſe dire,) de l'amour du bien public, pour ne s'effrayer ni des obſtacles, ni des dangers. Je ne m'étais point diſſimulé tout ce qu'on pourrait tenter pour me rendre odieux ; j'avais prévu les applications malignes que l'on ferait des portraits répandus dans la Piéce à des personnes dont je considere les talens & respecte les mœurs, sans adopter leurs systêmes philosophiques. Si j'avais été capable de me faire à cet égard quelqu'illusion, j'aurais été désabusé, même avant la représentation *des Philosophes*, quand j'ai vû épars dans le Public des lambeaux de ma Comédie qui n'avaient jamais existé que dans l'imagination de ceux qui me les attribuaient :

Quand j'ai entendu publier que j'attaquais ce génie rare

dont je n'ai jamais parlé qu'avec transport, *qui me reçut avec tant de bonté dans sa retraite, lorsque j'allai lui porter mon tribut d'admiration, & qui depuis m'a souvent honoré de ses lettres que je conserverai toute ma vie :

Quand enfin j'ai vu que l'on m'accusait de n'avoir pas même épargné l'illustre *Montesquieu* ; comme si nos prétendus Sages se flattaient de faire disparaitre, par ces imputations, l'intervalle immense qui les sépare de ces grands Hommes. Si ces génies célébres qui ont éclairé leur

* M. de Voltaire.

ſiecle, ſe ſont oubliés quelque fois par une ſuite de la faibleſſe humaine, ce n'eſt point à cette populace de Philoſophes, qui n'a ſçu les imiter que dans leurs fautes, à vouloir faire avec eux aucune comparaiſon.

Mais ce que je n'aurais jamais ſoupçonné, c'eſt que l'on affecterait d'oublier tous les exemples qui autoriſent le choix de mon ſujet, & la maniere dont je l'ai traité : que l'on ne ſe ſouviendrait plus que *Moliere* a joué l'Hôtel de *Rambouillet*, *Cotin*, *Menage*, la Cour, les Dévots & les Médecins : que *Racine* enfin a mis la Magiſtrature ſur le Théâtre.

Au reſte perſuadé que la véritable Philoſophie du Citoyen, c'eſt le courage d'arracher ſa Patrie à des erreurs dangereuſes, & de ſacrifier tout à cette gloire, je n'ai pu être retenu par aucune conſidération perſonnelle ; pas même par la crainte des libelles dont j'ai prévu que l'on m'accablerait, & auxquels je ne répondrai jamais.* Je dois me repoſer du ſoin de ma défenſe ſur tous ceux en qui parlent encore le reſpect de l'Autorité, les ſentimens de la nature, & les anciennes mœurs.

J'obſerverai ſeulement que les récriminations les plus odieuſes ne prouveront rien ni

* Ils forment 2. vol. in-12.

contre ma Piéce, ni en faveur des faux Philoſophes, mais qu'elles me donneront au contraire la ſatisfaction de voir les honnêtes gens joindre leur mépris au mien.

Aux reproches de méchanceté que l'on m'a faits, je n'oppoſerai que ces paroles judicieuſes & remarquables de M. *Diderot* : » Je ſçais qu'on » dit des ouvrages où les Auteurs ſe ſont abandonnés à » toute leur indignation : *Cela* » *eſt horrible ! On ne traite point* » *les gens avec cette dureté-là ! Ce* » *ſont des injures groſſieres qui ne* » *peuvent ſe lire*, & autres ſemblables diſcours qu'on a tenus » dans tous les temps, & de

» tous les ouvrages où les ri-
» dicules & la méchanceté ont
» été peints avec le plus de for-
» ce, & que nous lisons aujour-
» d'hui avec le plus de plaisir.
» Expliquons cette contradic-
» tion de nos jugemens. Au
» moment où ces redoutables
» productions furent publiées,
» *tous les méchans allarmés crai-*
» *gnirent pour eux*. Plus un hom-
» me était vicieux, plus il se
» plaignait hautement. Il objec-
» tait au satyrique, l'âge, le
» rang, la dignité de la person-
» ne, & une infinité *de ces pe-*
» *tites considérations passageres qui*
» *s'affaiblissent de jour en jour, &*
» *qui disparaissent avant la fin du*
» *siecle*. Les circonstances mo-
» mentanées s'oublient, la pos-

» térité ne voit plus que la fo-
» lie, le ridicule, le vice & la
» méchanceté, couverts d'i-
» gnominie, *& elle s'en réjouit*
» *comme d'un acte de justice.* . . .
» C'est une faiblesse répréhen-
» sible que celle qui nous em-
» pêche de montrer pour la
» bassesse, l'envie, la duplici-
» té, cette haine vigoureuse &
» profonde *que tout honnête hom-*
» *me doit ressentir.* *

Après une autorité si décisive, je pourrais me passer de toute apologie : mais il est des ames délicates & honnêtes, dont

* Ces paroles sont tirées du Dictionnaire Encyclopédique, au mot *Encyclopédie.* Elles viennent d'être citées dans un article très intéressant de l'Année Littéraire :

les erreurs mêmes méritent des ménagemens ; que le mot de méchanceté indiſpoſe, & qui ne ſe donnent pas toujours la peine d'examiner ſi l'application en eſt juſte. C'eſt pour elles que j'ajouterai cette queſtion qui me parait ſi propre à les tranquilliſer ſur le plaiſir qu'elles auraient pû prendre à ma Comédie.

Quel eſt le méchant, ou celui qui ſe dévoue pour la défenſe de l'Autorité légitime & des liens les plus ſacrés de la ſociété, ou ces hommes qui, impatiens de tout frein, ennemis de tout pouvoir, ont oſé imprimer ?

» Entre l'animal & l'homme » il n'y a aucune *division* réel- » le. Les animaux ont une ame » capable de toutes les opéra- » tions de l'esprit de l'homme, » de concevoir, d'assembler les » pensées, d'en tirer une juste » conséquence ». (*Interprétation de la Nature*, page 35.)

» Notre ame est de la même » pâte & de la même fabrique » que celle des animaux. » (*L'Homme plante*, page 31.)

» Il est démontré par mille » preuves sans réplique qu'il » n'y a qu'une vie & qu'une » félicité, & que l'orgueilleux » Monarque meurt tout entier » comme le sujet modeste, &

» le chien fidèle. » (*Discours sur la vie heureuse*, page 34 & 35.)

» Ce qui flatte le corps, est » le seul pilote qui conduise à la » félicité. (*Discours, sur la vie heureuse*, page 6.)

» Les plaisirs des sens peu» vent nous inspirer toute es» pèce de sentimens & de » vertus. »

» La sensibilité physique & » l'intérêt personnel sont les » auteurs de toute justice. »

» La probité n'est que l'ha» bitude des actions utiles & » doit nécessairement être fon» dée sur la base de l'intérêt

» personnel. »

» L'idée de la vertu n'eſt » point une idée abſolue, & « indépendante des circonſtan« ces.

« La vertu & la vérité ſont » des êtres qui ne valent qu'au» tant qu'ils ſervent à celui » qui les poſſede. » (*Diſcours ſur la vie heureuſe*, page 106.)

» Il n'y a en ſoi ni vice, ni » vertu, ni bien, ni mal moral, » ni juſte, ni injuſte : tout eſt » arbitraire & fait de main » d'homme. » (*Diſcours ſur la vie heureuſe*, page 11.)

» L'inégalité des conditions

» est un droit barbare : aucu-
» ne sujettion naturelle dans la-
» quelle les hommes sont nés à
» l'égard *de leur pere, ou de leur*
» *Prince*, n'a jamais été regardée
» comme un lien qui les obli-
» ge, sans leur propre consente-
ment. » (*Discours prélim. Diction. Encyclop. Tome premier.*)

» Un enfant ne naît sujet d'au-
» cun pays, ni d'aucun Gouver-
» nement ; à l'âge de raison il
» est libre de choisir le Gouver-
» nement sous lequel il trouve
» bon de vivre, & de s'unir au
» Corps politique qui lui plaît
» davantage. » (*Diction. Encyclop. au mot* Gouvernement, *Tome septiéme*, page 789.)

» Rien n'eſt capable de ſou-
» mettre un homme à aucun
» pouvoir ſur la terre, que ſon
» ſeul conſentement. » (*ibid.*)

» Le conſentement tacite nous
» lie aux loix du Gouvernement
» dans lequel nous jouiſſons de
» quelques poſſeſſions ; mais ſi
» l'obligation commence avec
» les poſſeſſions, elle finit avec
» leur jouiſſance ». (*ibid.* page
791.)

» Les Gouvernemens peuvent
» ſe diſſoudre, quand les Puiſ-
» ſances, légiſlative & execu-
» trice, agiſſent par la force au-
» delà de l'autorité qui leur a
» été commiſe ». (*ibid.*)

„ Ce n'eſt que par une ſuite de „ l'état de faibleſſe & d'ignorance où naiſſent les enfans, „ qu'ils ſe trouvent naturellement aſſujettis à leurs peres & „ meres. „ (*Ibid. au mot* Enfant *Tome* 5. page 652.)

„ Un fils ne doit à ſon pere „ aucune reconnaiſſance de lui „ avoir donné le jour. „ (*Les Mœurs*, page 59.)

„ L'amour filial eſt très-ſuſ„ ceptible de diſpenſe. „ (*Les Mœurs*, page 459.)

„ Le vrai moyen de s'affran„ chir de l'importunité des de„ ſirs, eſt de les ſuivre.* (*Les Mœurs*, page 75.)

* Voiez l'Epig. d. Rousseau, Un [illegible] aumet mâtinoit à confesse &c dans la Legende-joinsfa, 1re partie, Epig.

» Pour être heureux, il faut » étouffer les remords : inutiles » avant le crime, ils ne ser- » vent pas plus après que quand » on le commet. La bonne Phi- » losophie se deshonorerait, en » s'occupant de ces fâcheuses » reminiscences, & en s'arrêtant » à ces vieux préjugés. » (*Discours sur la vie heureuse*, page 63.)

La crainte de soulever mes Lecteurs me fait quitter la plume, & m'empêche de parcourir les *Pensées philosophiques* & *l'Interprétation de la Nature*.

AVIS

Sur cette nouvelle Edition.

L'AUTEUR, informé qu'il ſe prépare des Editions furtives de la Comédie des *Philoſophes*, déſavoue toutes celles qui pourront paraître, & qui ne ſeront point conformes à celle-ci. Les mêmes ennemis, qui avant la Repréſentation avaient affecté de répandre pluſieurs traits ſatyriques, comme s'ils étaient tirés de la Piece, pourraient avoir part à ces Editions clandeſtines; mais le Public équitable eſt en garde contre ces petits artifices renouvellés par trop de méchans. L'Auteur oſe ſe flatter d'ailleurs que ſes Lecteurs appercevront une différence de ſtyle trop ſenſible entre les Vers de ſa Comédie, & ceux que l'on voudrait lui prêter, pour qu'ils puiſſent s'y méprendre.

Le Privilége & l'enregiſtrement ſe trouvent au Nouveau Recueil des Piéces de Théâtre François & Italien.

ACTEURS.

CYDALISE, Mlle Dumesnil.

ROSALIE, Mlle Hus.

DAMIS. M. de Bellecourt.

VALERE, M. Grandval.

THEOPHRASTE, M. Brisard.

DORTIDIUS, M. Dubois.

MARTON, Mlle. Dangeville.

CRISPIN, M. Préville.

M. PROPICE, *Colporteur*, M. Durancy.

M. CARONDAS, M. Armand.

La Scene est à Paris.

LES PHILOSOPHES,

COMÉDIE.

ACTE PREMIER.

SCENE PREMIERE.

DAMIS, MARTON.

DAMIS.

On, je ne reviens pas d'un sembla-ble vertige.
Rompre un hymen conclu !

MARTON.

Tout eſt changé, vous dis-je.

DAMIS.

Mais encor?

MARTON.

Mais encor, vous êtes Officier;
Notre projet n'eſt pas de nous méſallier.
Nous voulons un Mari taillé d'une autre étoffe;
En un mot, nous prenons un Mari Philoſophe.

DAMIS.

Que me dis-tu, Marton?

MARTON.

Je vous étonne fort;
Mais ne ſavez-vous pas que les abſens ont tort?
Trois mois ont operé bien des Métamorphoſes:
Peut-être dans trois mois verrons-nous d'autres choſes.
Vous pourrez reparaître alors avec ſuccès;
Mais juſques-là, néant. En dépit du procès
Qui devait ſe finir par votre Mariage,
Sans appel aujourd'hui la pomme eſt pour le ſage.

DAMIS.

Le moyen que l'on change ainſi dans un moment!

MARTON.

Toute Femme eſt, Monſieur, un animal changeant.
On pourrait calculer les jours de Cydaliſe
Par les différents goûts dont ſon ame eſt épriſe :
Quelquefois étourdie, enjouée à l'excès,
D'autres fois ſérieuſe, & boudant par accès ;
Coquette, s'il en fut, en ſauvant le ſcandale,
Prude à nous étourdir de ſon aigre morale ;
Courant le Bal la nuit, & le jour les Sermons ;
Tantôt les Beaux Eſprits, & tantôt les Bouffons.
C'étoit-là le bon tems. Mais aujourd'hui que l'age
Fait place à d'autres mœurs, & veut un ton plus ſage,
Madame a depuis peu réformé ſa maiſon.
Nous n'extravaguons plus qu'à force de raiſon.
D'abord on a banni cette gaité groſſiere,
Délices des Traitans, aliment du Vulgaire ;
A vos ſoupés décens tout au plus on ſourit.
Si l'on s'ennuie, au moins c'eſt avec de l'Eſprit.

Quelquefois on admet, au lieu de Vaudevilles,
De savans Concertos, de grands airs difficiles;
Car il faut bien encore un peu d'amusement.
Mais notre fort, Monsieur, c'est le raisonnement.
Quelque tems, dans le cercle, on parla Politique;
Enfin tout disparut sous la Métaphysique.

DAMIS.

Quelque chargé que soit ce bizarre tableau,
Je livre Cydalise aux traits de ton pinceau;
Je m'en rapporte à toi. Mais que fait Rosalie?

MARTON.

Ce que nous faisons tous, Monsieur; elle s'ennuie.

DAMIS.

Aux vœux de mon Rival son cœur s'est-il rendu?

MARTON.

Non, ce cœur est à vous. L'Amour l'a défendu
Contre tous les projets d'un Rival téméraire;
Mais votre sort dépend de l'aveu d'une Mere,

Enſorcelée au point que je n'ai plus d'eſpoir.
Pardonnez-moi ce mot ; je vois comme il faut
voir.

DAMIS.

Elle fut mon Amie, & je me flatte encore...

MARTON.

Le Bel Eſprit, Monſieur, eſt tout ce qu'elle
adore.
C'eſt une maladie inconnue à vingt ans ;
Mais bien forte à cinquante. Encore avec le
tems,
On pourrait eſpérer un retour de ſageſſe,
S'il en était quelqu'un contre cette faibleſſe,
Quand à certains dégrés elle a fait des progrès.
Dans les commencemens, moi-même j'eſ-
pérais ;
Mais ſachez tous vos maux & ceux qui vont
les ſuivre.
Entre nous...

DAMIS.

Hé bien ? Quoi ?

MARTON.

Madame a fait un Livre.

DAMIS.

Bon !

MARTON.

Qui même à présent s'imprime *incognitò.*

DAMIS.

Quelque brochure ?

MARTON.

Non : un volume *in*-quarto.

DAMIS.

Je lui conseille fort de garder l'anonyme.
Mais, dans ces beaux Esprits que Cydalise estime,
N'en est-il donc aucun assez droit, assez franc,
Pour lui montrer l'excès d'un travers aussi grand;
Pour la désabuser ?

MARTON.

Eux ! ils se moquent d'elle ;
Ils ont tous conspiré de gâter sa cervelle ;
Sur-tout votre Rival. Comme il connaît son goût,
Il ne se borne pas à l'applaudir en tout ;
Il la fait admirer par Messieurs ses semblables,
Tous Charlatans adroits, & Flatteurs agréables,
Ravis de présider dans sa Société,
D'y porter leurs erreurs, & faisant vanité

De dominer ici ſur un eſprit crédule,
Qu'ils ont l'art d'aguerrir contre le ridicule.

DAMIS.

Et ce ſont-là, dis-tu, des Philoſophes?

MARTON.

Oui;
Du plus grand air encor. Paris en eſt rempli.
Mais pour établir mieux leur crédit chez Madame,
Et pour mieux pénétrer juſqu'au fond de ſon ame,
Ils nomment aux emplois vacans dans la maiſon.
Leur choix, toujours guidé par la ſaine raiſon,
Quel qu'il ſoit, à Madame eſt toujours sûr de plaire.
Je ſoupçonne pourtant un certain Sécretaire,
Reçu par Cydaliſe à titre de Savant,
De n'avoir d'autre emploi que celui d'intrigant,
De recéler un fourbe, & d'être ici pour cauſe;
Mais enfin, tôt ou tard, j'éclaircirai la choſe.

DAMIS.

Quel motif as-tu donc pour en juger ſi mal?

MARTON.

Ou je me trompe fort, ou c'eſt votre Rival
Qui pour ſervir ſes feux ici l'impatroniſe.

DAMIS.

Quel homme eſt-ce ?

MARTON.

Un fripon affectant la franchiſe,
Et pourtant, m'a-t-on dit, natif de Pézenas,
Titré du nom pompeux de Monſieur Caron-
das,
Reconnu pour Savant, du moins ſur ſa parole,
Tout hériſſé de Grec & de termes d'Ecole,
Plaçant à tout propos ce bizarre jargon,
Et nous citant ſans ceſſe Homere ou Lyco-
phron.

DAMIS, *riant.*

Ha, ha, ha, ha, ha, ha.

MARTON.

Je peins d'après nature.

DAMIS.

Ce Monſieur Carondas eſt de mauvaiſe au-
gure;
Mais avec ton ſecours & celui de Criſpin.....

MARTON.

Quoi ! Crispin est ici ?

DAMIS.

Vraiment oui. Mon dessein
Etait de vous unir ; tu le sais, & j'espere
Que tu me serviras de ton mieux.

MARTON.

Laissez faire.
Crispin est fort adroit ; j'en tirerai parti.

DAMIS.

Je compte sur tes soins.

MARTON.

Oh ! Monsieur, comptez-y.
Je déclare la guerre à la Philosophie.

DAMIS.

Je te devrai, Marton, le bonheur de ma vie.
Mais... ne puis-je un moment ?...

MARTON.

Ah ! je vous vois venir.
Tenez, Monsieur ; l'Amour a sû vous prévenir :
On vient ; c'est Rosalie.

SCENE II.

ROSALIE, MARTON, DAMIS.

DAMIS.

Après trois mois d'abſence,
Quand je reviens ici, guidé par l'eſpérance,
Réclamer une foi promiſe à mon ardeur,
On m'apprend qu'un rival, jaloux de mon bonheur,
Oſe me diſputer le ſeul bien où j'aſpire,
Qu'avec lui, contre moi, votre mere conſpire.
Ah! raſſurez du moins mon cœur déſeſperé.

ROSALIE.

Doutez-vous que le mien en ſoit moins pénétré?
Je vois avec douleur ce changement extrême,
Je ſouffre autant que vous; mais enfin je vous aime.

A ce titre du moins quelque eſpoir m'eſt permis.
Qui pourrait réſiſter à deux amans unis ?
Ma mere vous aimait. En vous voyant, peut-être,
Dans ſon cœur combattu, l'amitié va renaître.
Sur ce cœur autrefois j'avais plus de pouvoir,
Je le ſçais ! c'eſt à vous, Damis, de l'émouvoir ;
Allez, & pour combler le bonheur que j'eſpere,
Que je vous doive encor les bontés de ma mere.

MARTON.

Beaux ſentimens ! mais moi je ne m'y fierais pas.

ROSALIE.

Laiſſe-moi mon erreur.

MARTON.

Non : c'eſt par des combats
Qu'il faut à la raiſon ramener Cydaliſe.

DAMIS.

Encore eſt-il permis de tenter l'entrepriſe.

MARTON.

Oui ; c'eſt un beau moyen, des ſoupirs & des pleurs !
Oh ! la Philoſophie endurcit trop les cœurs.

ROSALIE.

Je ne l'aurais pas cru! mais pourtant, ſi ma mere
M'immolait ſans retour aux deſſeins de Valere,
Si ce projet enfin était bien averé,
Pourquoi juſqu'à préſent n'eſt-il pas déclaré ?
Qui peut la retenir ?

MARTON.

J'entrerais en colere.
Elle n'a pas encor fait venir le Notaire,
Il eſt vrai ; les témoins ne ſont pas invités,
D'accord; il manque auſſi quelques formalités,
J'y conſens ; il ſe peut d'ailleurs que la journée
Ne ſoit pas fixément encor déterminée ;
J'en conviens. Cependant ne ſouffre-t-elle pas
L'hommage aſſez public qu'il rend à vos appas?
N'en êtes-vous pas même à toute heure obſedée ?
Mais non ; je me trompais : ce n'était qu'une idée.

ROSALIE.

Hélas ! peux-tu, Marton, me désoler ainsi?

MARTON.

J'avais rêvé.

DAMIS.

Marton....

MARTON.

Contes que tout ceci,
Propos en l'air.

DAMIS.

Marton....

MARTON.

Vision chimérique,
Absurde.

ROSALIE.

Mais, Marton....

MARTON.

Non, c'est terreur panique,
Illusion, vous dis-je.

ROSALIE.

En vérité, Marton,
Ce cruel badinage est bien peu de saison.

MARTON.

J'avais tort.

ROSALIE, *faisant un mouvement pour sortir.*

Tu pourſuis ? Hé bien ! je....

DAMIS, *l'arrêtant.*

Roſalie.

ROSALIE.

Non, Monſieur, c'en eſt trop.

DAMIS.

Demeurez, je vous prie.

MARTON.

Ah ! vous vous fâchez donc ? Vraiment, c'eſt très-bien fait.
Mais raiſonnons un peu. Dites-moi, s'il vous plaît,
Fallait-il vous tromper ? Je ſçais bien que le doute
Suſpend l'impreſſion des maux que l'on redoute,
Qu'il eſt très-naturel d'éloigner le danger,
Et de rendre toujours ſon fardeau plus leger.
Moi-même à vous flatter je ſerais la premiere.
J'aurais ſoin de fermer les yeux à la lumiere,
Sans l'intérêt preſſant qui me parle pour vous.
Pardonnez ; mais, ma foi, les amans ſont des foux.

Tranquilles ſans raiſon, déſeſpérés ſans cauſe,
Dans un juſte équilibre aucun ne ſe repoſe,
Et le ſang-froid ſouvent les conſeille bien mieux,
Que cet Amour qu'on peint un bandeau ſur les yeux.

DAMIS.

Comment! Voilà, parbleu, de la Philoſophie!

MARTON.

On apprend à heurler, dit-on, de compagnie,
En fréquentant les loups. Le proverbe a raiſon.
C'eſt un mal répandu dans toute la maiſon,
Mais perdons un moment cette idée importune?

(*A Roſalie.*)

Çà, faiſons notre paix. Vous ſerez ſans rancune?
Vous me le promettez?

ROSALIE.

Oh! je te le promets.

MARTON.

Et moi d'être attentive à tous vos intérêts.
Vous, Monſieur, qui ſans ſoins & ſans trouble dans l'ame,
Paſſeriez votre vie à regarder Madame,

Il faut battre en retraite, & même promptement.
Songez qu'il est grand jour dans cet appartement,
Que nous pourrions ici risquer quelque surprise,
Et qu'il faut vous montrer d'abord à Cydalise,
Avant que de penser à d'autres rendez-vous.

DAMIS.

Je cours m'y disposer, dans un espoir si doux.
Je remets en tes mains le bonheur de ma vie.
Vous que j'adore, adieu, ma chere Rosalie.

SCENE III.

ROSALIE, MARTON.

MARTON.

Vous, soyez sans foiblesse. Allons, point de langueur.
La fermeté, Madame, en impose au malheur.

ROSALIE.

Si tu pouvois sentir combien je hais Valère!

MARTON.

Oui: Damis sort d'ici. Mais c'est à votre mère

Qu'il importe surtout de parler avec feu.
Si vous aimez Damis, ce fut de son aveu;
Je le suppose au moins.

ROSALIE.

Certainement.

MARTON.

Les Filles
Ne font rien, comme on sait, sans l'avis des familles,
C'est la régle. Il faut donc déclarer sans détour!
Pour l'un tous vos mépris, pour l'autre votre amour.

ROSALIE.

Oh! oui.

MARTON.

Vous sentez-vous cette fermeté d'ame?

ROSALIE.

Assurément, Marton.

MARTON, *malignement.*

Allons, j'entens Madame.

ROSALIE, *effrayée.*

Ah! Marton....

MARTON.

Comment donc! c'est très bien débuter.
Cela promet.

ROSALIE.

Aussi, pourquoi m'épouvanter ?
L'Amour dans le besoin me rendra du courage.

MARTON, *la contrefaisant.*

L'Amour ! oui vous ferez tous deux de bel ouvrage.
Il y parait vraiment, à cet air d'embarras,
Qu'un mot dit au hazard...

ROSALIE.

Mais enfin tu verras.

MARTON.

Ce n'est point à l'Amour à vous tirer de peine,
Il est trop mal adroit. Pensez à votre haine ;
Voilà le sentiment qui doit vous inspirer,
Dont il est important de vous bien pénétrer.
Je ne sais si l'amour, que d'ailleurs je révére,
Est de nos passions en effet la plus chere ;
Mais ce n'est que faiblesse, & que timidité.
La haine n'est qu'ardeur & que vivacité.
L'un abbat, l'autre anime, & dans un cœur femelle,
Ma foi, je la croirais beaucoup plus naturelle.
Vous ne connaissez pas encor ce sentiment.
Que votre cœur l'éprouve aujourd'hui seulement.

Tenez, j'aime Crispin, & je sens pour Valère...
Mais, ce n'est plus un jeu, j'apperçois votre
mere.

ROSALIE.

Tu me soutiendras ?

MARTON.

Oui.

SCENE IV.

CYDALISE, ROSALIE, MARTON.

CYDALISE.

RETIREZ-VOUS, Marton.
Prenez mes clés, allez renfermer mon Platon.
De son monde idéal j'ai la tête engourdie.
J'attendais à l'instant mon Encyclopédie;
Ce Livre ne doit plus quitter mon Cabinet.

A Rosalie.

Vous, demeurez; je veux vous parler en secret.

A Marton.

Laissez-nous.

MARTON, *à Rosalie.*

Allons, ferme, & montrez du courage.

CYDALISE.

Obéissez, Marton.

SCENE V.

Voiez le role de Mad. Lucrece dans la comedie de la femme docteur ou la theologie tombée en quenouille, du pere Bougeant jesuite.

CYDALISE, ROSALIE.

CYDALISE.

Vous êtes belle & sage,
Rosalie, & pour vous j'eus toujours des bontés.
Je vais connaître enfin si vous les mérités.
Je ne consulte point ce sentiment vulgaire,
Amour de préjugé, trivial, populaire,
Que l'on croit émané du sang qui parle en nous,
Et qui n'est, dans le fond, qu'un mensonge assez doux,
Une faiblesse...

ROSALIE.

Hé quoi! la voix de la nature,
Quoi! cette impression si touchante & si pure,

Ce premier des devoirs, cet auguſte lien,
(Je définirai mal ce que je ſens ſi bien,)
N'importe, ſe peut-il que le cœur de ma mère
Méconnaiſſe aujourd'hui ce ſacré caractère ?
Ah ! rappellez pour moi vos ſentimens paſſés.
En les analyſant, vous les affaibliſſez.

CYDALISE.

J'ai cru, tout comme une autre, à ces vaines chimeres,
Dignes du gros bon-ſens qui conduiſait nos péres.
Crédule, heureuſe même en mon aveuglement,
Automate abuſé, je ſuivais le torrent.
Je commence à ſentir, à penſer, à connaître.
Si je vous aime enfin, c'eſt en qualité d'*Etre* :
Mais vous concevez bien qu'un autre individu
N'aurait à mes bontés qu'un droit moins étendu.

ROSALIE.

Vous déchirez mon cœur. Ah ! permettez, Madame,
Souffrez qu'à vos genoux votre fille réclame

Un droit plus légitime & des titres plus doux.
Pourquoi briser les nœuds qui m'attachaient à vous ?
Jugez de leur pouvoir à mon trouble, à mes larmes.

CYDALISE, *un peu émue.*

Ma fille !... Hé quoi ! pour vous l'erreur a tant de charmes !
Vous me faites pitié. Consultez la Raison.
Ces puérilités ne sont plus de saison.
Je reconnais vos droits sur le cœur d'une mère ;
Mais je les annoblis, & si je vous suis chère,
Si j'ai sur vous aussi quelques droits à mon tour
J'en exclus le hazard, qui vous donna le jour.

ROSALIE.

Je ne puis soutenir ce funeste langage.
Il fait à toutes deux un trop sensible outrage.
Qui? Moi ! Le pensez-vous, que je puisse jamais
Oublier que ma vie est un de vos bienfaits ?
Non...

CYDALISE.

Le soin que j'ai pris de votre intelligence
Doit mériter, sur-tout, votre reconnaissance ;

Voilà le digne objet où tendent tous mes vœux.
Vous apprendre à penser, voilà ce que je veux.
Conçevez le bonheur d'étendre son génie,
D'ouvrir l'œil aux clartés de la Philosophie,
De dissiper la nuit où vos sens sont plongés,
D'affranchir votre esprit du joug des préjugés!
Ce grand art d'exister, qui n'appartient qu'au sage,
Dont je connais enfin le solide avantage,
Ce jour de la Raison, dont j'ai sû m'éclairer,
Ma Fille, mon amour veut vous le procurer.

J'avais avec Damis conclu votre hyménée.
De legers intérêts m'avaient déterminée.
Des rapports de fortune, un procès à finir,
Je me souviens qu'alors tout semblait vous unir.
C'est ainsi que se font la plûpart des affaires;
Mais enfin, aujourd'hui je romps ces nœuds vulgaires.
Damis a du bon sens, des vertus, de l'honneur,
Il a ce que le monde exige à la rigueur :

Tout mortel n'eſt pas fait pour aller au ſublime ;
Dans le fond, cependant, on lui doit de l'eſtime :
Mais je vous dois auſſi, ma fille, un autre Epoux,
Beaucoup plus convenable & plus digne de vous.
Valere a ce qu'il faut pour plaire & pour séduire,
C'eſt peu de vous aimer, il ſçaura vous inſtruire ;
En un mot, c'eſt de lui que mon cœur a fait choix.

ROSALIE.

Ainſi, vous oubliez que Damis autrefois
Eut votre aveu, Madame, & celui de mon pere ?

CYDALISE.

Votre pere ! il eſt vrai que je n'y ſongeais guere.
Plaiſante autorité que la ſienne en effet !
L'Etre le plus borné que la nature ait fait.

Nul

Nul talent, nul essor, espece de machine
Allant par habitude, & pensant par routine,
Ayant l'air de rêver & ne songeant à rien,
Gravement occupé du détail de son bien,
Et de mille autres soins purement domestiques;
Défenseur ennuyeux des préjugés gothiques,
Sauvage dans ses mœurs, alliant à la fois
La morgue de sa robe au ton le plus bourgeois;
Ne s'énonçant jamais qu'avec poids & mesure,
Et qui toujours grimpé sur la magistrature,
Hors de son tribunal, aurait cru déroger;
Ayant, comme Dandin, la fureur de juger.
Mais il est mort enfin, laissons en paix sa cendre.

ROSALIE.

Ah! Madame, songez....

CYDALISE.

Allez-vous le défendre?
Un pere n'est qu'un homme, & l'on peut sensément
Remarquer ses défauts, en parler librement.

ROSALIE.

Si ce sont-là les droits de la Philosophie,

Souffrez que j'y renonce,& pour toute ma vie.
Je perdrais trop, Madame, à m'éclairer ainsi;
J'ose vous l'avouer. Daignez permettre aussi
Qu'en faveur de Damis je vous rappelle encore
Vos premieres bontés que votre fille implore.

CYDALISE.

Non, Valere est l'Amant que j'ai choisi pour vous,
Ma fille, & dès ce soir il sera votre Epoux.
Ces nœuds embelliront le cours de votre vie.
Quant à vos préjugés sur la Philosophie,
Contre eux, à mon exemple, il faut vous aguerir.
Le tems & la raison sauront vous en guérir.
Vous êtes dans cet âge où l'on commence à vivre,
Tout fait ombrage alors; mais vous lirez mon livre.
J'y traite en abrégé de l'Esprit, du bon sens,
Des passions, des Loix, & des Gouvernemens;
De la vertu, des mœurs, du climat, des usages,
Des peuples policés & des peuples sauvages;

Du désordre apparent, de l'ordre universel,
Du bonheur idéal & du bonheur réel.
J'examine avec soin les principes des choses,
L'enchaînement secret des effets & des causes.
J'ai fait exprès pour vous un chapitre profond,
Je veux l'intituler : *Les devoirs tels qu'ils sont*
Enfin, c'est en morale une Encyclopédie,
Et Valere l'appelle un Livre de génie.
Vous serez trop heureuse avec un tel Epoux.
Un jour vous connaîtrez ce que je fais pour vous ;
Vous m'en remercîrez. Adieu, Mademoiselle,
Songez à m'obéir.

SCENE VI.

ROSALIE, MARTON.

ROSALIE, *sans voir Marton.*

Quelle douleur mortelle !
Que résoudre? Que faire? Ah ! te voilà, Marton.

MARTON.

Oui, j'ai tout entendu. Mais quelle déraison !

Quel travers !

ROSALIE.

Je n'ai plus qu'à mourir.

MARTON.

Badinage :
Mourir ! Vous vous moquez, & ce n'eſt plus l'uſage.
On ne le ſouffre pas même dans les Romans.

ROSALIE.

Mais enfin....

MARTON.

Calmez-vous, & reprenez vos ſens.
Cette criſe, après tout, vous l'aviez attendue ?

ROSALIE.

Mon ame en ce moment n'en eſt pas moins émue.

MARTON.

Préſumez vous ſi peu du ſuccès de mes ſoins ?

ROSALIE.

Ah ! Marton....

MARTON.

Commencez par vous affliger moins.
Si vos vœux ſont comblés, dites-moi, je vous prie,
A quoi ce beau chagrin vous aura-t-il ſervie ? +

+ licence trop forte, il faut servi, ce qui ne rimera plus à prie.

ROSALIE.

Oui, si tu réussis ; mais qui m'en répondra ?

MARTON.

Vous pleurerez alors autant qu'il vous plaira ;
Je vous aiderai même, & n'aurai rien à dire ;
Mais jusqu'à ce moment, qui vous défend de rire ?
A tout évenement, c'est toujours fort bien fait,
Et quand tout irait mal, je crois qu'il le faudrait.
Du moins c'est mon humeur. Le chagrin m'incommode.
Je le crois inutile, & j'en suis l'antipode.
C'est à quoi dans la vie il faut le moins songer,
Et l'on a toujours tort, quand on veut s'affliger.
Mais allons concerter quelque heureuse saillie,
Venez, & nous verrons si la Philosophie,
Quelque soit son crédit, pourra dans ce grand jour
Tenir contre Marton, & Crispin, & l'Amour.

Fin du premier Acte.

ACTE II.

SCENE PREMIERE.

VALERE, M. CARONDAS.

VALERE.

Frontin.

M. CARONDAS.

Ce maudit nom fera quelque méprise ;
Je vous l'ai déjà dit, & devant Cydalise
Il vous arrivera de me nommer ainsi.
Frontin! pour un Savant le beau nom! songez-y,
Monsieur, il ne faudrait que cette étourderie
Pour donner du dessous à la Philosophie.

VALERE.

D'accord.

M. CARONDAS.

Il faut d'ailleurs supprimer entre nous
Les tons trop familiers, puisqu'enfin, selon vous,

Les hommes ſont égaux par le droit de nature,
Je ſuis, quoique Frontin, votre égal.

VALERE.

Je te jure
Que c'eſt mon ſentiment.

M. CARONDAS.

Moi, je l'approuve fort.
J'avais toujours penſé que les Loix avaient tort;
Et même Cydaliſe, en un certain Chapitre,
Ne prouve point trop mal à mon gré...

VALERE.

Le beau titre
Que l'avis d'une folle à qui dans un moment
On ferait adopter tout autre ſentiment;
Qui ne ſçait que des mots, & n'a rien dans la tête.

M. CARONDAS.

Mais entre nous, Monſieur, ſon Livre eſt-il ſi bête?

VALERE.

Pitoyable.

M. CARONDAS.

Le ſtile....

VALERE.

Ennuyeux à l'excès.

M. CARONDAS.

Vous la flattez pourtant du plus brillant succès.

VALERE.

Sans doute.

M. CARONDAS.

Et le Public?

VALERE.

Nous savons lui prescrire
Comment il faut penser, parler, juger, écrire;
Nous le déciderons aisément.

M. CARONDAS.

D'accord; mais
Il faut l'apprivoiser, le flatter.

VALERE.

Non, jamais.
Il est, pour le gagner, des méthodes plus sûres.

M. CARONDAS.

Le moyen?

VALERE.

Par exemple, on lui dit des injures.
C'est un expédient par nos Sages trouvé;
Le secret est certain, nous l'avons éprouvé.
Dans peu, tu le verras toi-même avec surprise,

Nous porterons aux Cieux le nom de Cydalise;
Cinq ou six traits hardis, révoltans, scandaleux,
Produiront dans son Livre un effet merveilleux.
Il faut les ajouter.

M. CARONDAS.

Bon ! la ruse est nouvelle !
Et comment lui prouver que ces traits-là sont d'elle.

VALERE.

Et le reste en est-il ? Dabord avec pudeur
Elle s'en défendra, puis s'en croira l'Auteur.

M. CARONDAS.

Je ne sais ; mais pour moi, je rougirois dans l'ame....

VALERE.

As-tu donc oublié que Cydalise est femme ?
Crois-moi, suppose encore un piége plus grossier,
L'amour propre est crédule, & l'on peut s'y fier.
Les femmes sur ce point sont même assez sinceres.

M. CARONDAS.

Messieurs les beaux esprits ne leur en doivent gueres.

Mais enfin vous croyez qu'avec cinq ou ſix traits
Nous devons nous attendre au plus heureux ſuccés ?

VALERE.

Sans doute, & cette idée, entre nous, n'eſt pas neuve.
Le Livre de Cratès n'en eſt-il pas la preuve ?
Jamais production ne prit un tel eſſor.
Chacun ſe l'arrachait, on ſe l'arrache encor :
Pour Livre dangereux partout on le renomme,
Et pourtant nous ſavons que Cratès eſt bon-homme.

M. CARONDAS.

Il eſt vrai.

VALERE.

Cydaliſe aura plus de faveur.
On ne juge jamais ſon ſexe à la rigueur.
Quelques-uns de ces traits qu'on ſe dit à l'oreille,
Au Public hébété feront crier merveille !
Je veux que Cratès même en devienne jaloux,
Et rien n'eſt plus aiſé, nous la protégeons tous.

M. CARONDAS.

Hé bien, quoique nourri, Monſieur, à votre école,
J'avais, tout bonnement, admiré ſur parole
Et l'ouvrage & l'Auteur. Car enfin, mot à mot
Elle n'a rien écrit que d'après vous.

VALERE.

Le ſot!

M. CARONDAS.

Mais pour ces beaux endroits ajoutés à ſon Livre,
Si les Loix s'aviſaient, Monſieur, de nous pourſuivre.

VALERE.

Elle aurait le plaiſir de s'entendre louer;
N'eſt-ce rien? Quitte après à tout déſavouer.
D'ailleurs l'amour du vrai va juſqu'à l'héroïſme.
Ces grands mots impoſans d'*erreur*, de *fanatiſme*,
De *perſécution*, viendraient à ſon ſecours.
C'eſt un reſſort uſé qui réuſſit toujours.
N'avons-nous pas encor l'exemple de Socrate
Opprimé, condamné par ſa Patrie ingrate?
Tous nos admirateurs parleroient à la fois.

M. CARONDAS.

Mais, Monsieur, ce Socrate obéissait aux Loix.

VALERE.

Oui, la Philosophie encor dans son enfance
Des préjugés du moins conservait l'apparence;
Mais nous n'en voulons plus.

M. CARONDAS.

Tout devient donc permis?

VALERE.

Excepté contre nous & contre nos amis.

M. CARONDAS.

Vive le bel Esprit & la Philosophie!
Rien n'est mieux inventé pour adoucir la vie.

VALERE.

Comment! sur des rochers on plaçait la Vertu?
Y grimpait qui pouvait. L'homme était méconnu.
Ce Roi des animaux, sans guide & sans boussole,
Sur l'Océan du monde errait au gré d'Eole;
Mais enfin nous savons quel est son vrai moteur.

L'homme eſt toujours conduit par l'attrait du
bonheur,
C'eſt dans ſes paſſions qu'il en trouve la ſource.
Sans elles, le mobile arrêté dans ſa courſe,
Languirait triſtement à la terre attaché.
Ce pouvoir inconnu, ce principe caché,
N'a pû ſe dérober à la Philoſophie,
Et la Morale enfin eſt ſoumiſe au génie.
Du globe où nous vivons Deſpote univerſel,
Il n'eſt qu'un ſeul reſſort, l'intérêt perſonnel;
A tous nos ſentimens, c'eſt lui ſeul qui préſide;
C'eſt lui qui dans nos choix nous éclaire & nous guide.
Libre de préjugés, mais docile à ſa voix,
Le Sauvage attentif le ſuit au fond des bois.
L'homme civiliſé reconnaît ſon empire;
Il commande en un mot à tout ce qui reſpire.

M. CARONDAS.

Quoi! Monſieur, l'intérêt doit ſeul être écouté?

VALERE.

La Nature en a fait une néceſſité.

M. CARONDAS.

J'avais quelque regret à tromper Cydaliſe;
Mais je vois clairement que la choſe eſt permiſe.

VALERE.

La Fortune t'appelle, il faut la prendre au mot.

M. CARONDAS.

Oui, Monſieur.

VALERE.

La franchiſe eſt la vertu d'un ſot.

M. CARONDAS, *ſe diſpoſant à le voler.*

Oui, Monſieur.... mais toujours je ſens quelque ſcrupule
Qui voudrait m'arrêter.

VALERE.

Préjugé ridicule,
Dont il faut s'affranchir!

M. CARONDAS.

Quoi! véritablement?

VALERE.

Il s'agit d'être heureux, il n'importe comment.

M. CARONDAS.

Tout de bon?

VALERE.

Mais ſans doute, en flattant Cydaliſe,
Tu remplis un devoir que l'uſage autoriſe.
Ne faut-il pas flatter quand on veut plaire aux gens?
Bien voir ſes intérêts,* c'eſt être de bon ſens.

* voiez le Triomphe de l'intérêt, de Boissi.

l'Interêt Personnel... Act. 2. Sc.
p. 34.

Vous êtes un fripon, monsieur le philosophe :
Herissault, le ph. m. A. 2. S. 6.

Le ſuperflu des ſots eſt notre patrimoine.
Ce que dit un Corſaire au Roi de Macédoine,
Eſt très-vrai dans le fond.

M. CARONDAS, *fouillant dans la poche de Valere.*

Oui, Monſieur.

VALERE.

Tous les biens,
Devraient être communs ; mais il eſt des moyens
De ſe venger du ſort. On peut avec adreſſe
Corriger ſon étoile, & c'eſt une faibleſſe
Que de ſe tourmenter d'un ſcrupule éternel.

Valere s'appercevant que Carondas veut le voler.

Mais que fais-tu donc là ?

M. CARONDAS, *ſans s'émouvoir.*

L'intérêt perſonnel....
Ce principe caché... Monſieur... qui nous inſpire,
Et qui commande enfin à tout ce qui reſpire....

VALERE.

Quoi ! traître, me voler !

M. CARONDAS.

Non. J'uſe de mon droit,
Tous les biens ſont communs.

VALERE.

Oui, mais sois plus adroit.
* Il est certains malheurs auxquels on se hazarde,
Lorsque l'on est surpris.

M. CARONDAS.

Monsieur, j'y prendrai garde.

VALERE.

Ceci, Monsieur Frontin, doit être une leçon;
Mais puisqu'il ne faut plus vous nommer de ce nom,
Songez à me servir auprès de Cydalise.
Jusqu'ici, tout va bien; sa Fille m'est promise.
Vous savez là-dessus quels sont mes sentimens,
Ainsi continuez de flatter ses talens.
Vos termes de Collége ont produit des merveilles;
Il faut de plus en plus étourdir ses oreilles,
De ce jargon savant qui vous a réussi.
Vous êtes sans Fortune, & vous pouvez ici
Vous faire un petit sort que j'aurai soin d'étendre,
Si mes vœux ont l'effet que j'ai droit d'en attendre.
Adieu, soyez discret, je serai généreux.

* Un personnage du Triomphe de l'interet debite cette maxime :
Pour de l'honneur, et pour de la vertu,
Tout considéré, j'en veux prendre
Juste ce qu'il m'en faut pour n'être pas pendu.
Scene 15.

SCENE II.

M. CARONDAS, *seul.*

MON premier coup d'essai n'est pas des plus heureux.
Je suis encor trop loin d'atteindre mon modele,
Et c'est au second rang que le Destin m'appelle.

SCENE III.

CYDALISE, M. CARONDAS.

CYDALISE, *sans voir M. Carondas.*

ME voilà parvenue à m'en débarrasser.
Que l'oisiveté pèse alors qu'on veut penser !
Parmi tous ces fâcheux dont j'étais obsédée,
Je n'ai pas entrevû le germe d'une idée.
On ne peut à ce point outrager le bon sens ;
Mais il faut tout souffrir de Messieurs ses parens.
(*A M. Carondas.*)
Ah ! vous êtes ici. Bon ! prenez votre place.

Mon Livre va paraître, on attend la Préface,
Il faut y travailler. J'aurais voulu pourtant
Que nous eussions Valere.

M. CARONDAS.

Il me quitte à l'instant,
Et nous parlions de vous, Madame, avec ivresse.

CYDALISE.

Vous parliez de mon Livre?

M. CARONDAS.

Il en parle sans cesse.
C'est, dit-il, un Brevet pour l'Immortalité;
Vous allez éclipser la docte Antiquité.
Je n'ose avec le sien mesurer mon suffrage;
Mais l'admiration me prend à chaque page.

CYDALISE.

Vous en êtes content?

M. CARONDAS.

Mon esprit s'y confond.
Votre Livre est nourri d'un savoir si profond
Que vous me feriez croire au Démon de Socrate.

CYDALISE.

Vous vous y connaissez.

M. CARONDAS.

Oui, Madame, on m'en flatte.

Mais apprenez-moi donc comment cela se fit ?
Il faut que vous sachiez tout ce qui s'est écrit.

CYDALISE.

Avec nombre de gens je me suis rencontrée,
Et c'est un pur hazard.

M. CARONDAS.

Vous êtiez inspirée.
Quoi ! vous n'avez pas lû le Savant *Vossius* ?

CYDALISE.

Non, jamais.

M. CARONDAS.

Casaubon ?

CYDALISE.

Encor moins.

M. CARONDAS.

Grotius ?

CYDALISE.

Point du tout. Sont-ce-là les Livres d'une Femme ?

M. CARONDAS.

Ma foi, de plus en plus vous m'étonnez, Madame,
Quoi ! rien de tout cela ?

CYDALISE.

Non, rien, vous dis-je, rien.

M. CARONDAS.

Mais vous parlez des Loix mieux que Tribonien.

Oh ! pour Tribonien, convenez . . .

CYDALISE.

Je l'ignore.

M. CARONDAS.

Vous connaiſſez du moins Thalès, Anaxa-
gore ?

CYDALISE.

Non.

M. CARONDAS.

Le Fils naturel ? *

CYDALISE.

Pour celui-là, d'accord.
Ce ſont de ces écrits qu'il faut citer d'abord.

M. CARONDAS.

Je ne veux point ici m'ériger en Arbitre ;
Mais j'en aurais jugé, comme vous, ſur le titre.

CYDALISE.

C'eſt auſſi mon avis, & je crois qu'en effet
Un Ouvrage excellent s'annonce au moindre trait.
C'eſt un je ne ſais quoi... dont notre ame eſt ſaiſie . . .
Cela ſe ſent. . . . enfin c'eſt l'attrait du Génie.

M. CARONDAS.

J'entens. C'eſt à peu près la vapeur d'un ragoût
Qui réveille à la fois l'odorat & le goût.

* Com. traduite de Goldoni par Diderot.

CYDALISE.

Oui; la comparaison est pourtant trop vulgaire.

M. CARONDAS.

Elle est de Lycophron.

CYDALISE.

Ah ! c'est une autre affaire.
Venons à ma Préface. Allons, je vais dicter.

(*Après un silence & avec emphase.*)

Ecrivez. *J'ai vécu* *. Non, c'est mal débuter.
Effacez, *j'ai vécu*. Mettez-vous à votre aise.

(*Avec de l'aigreur.*)

Ah ! Monsieur Carondas, votre plume est mauvaise.

(*Elle rêve.*)

J'ai vécu ne vaut rien.

M. CARONDAS.

Je m'en contenterais.
J'ai vécu, dit beaucoup !

CYDALISE.

Non, Monsieur, je voudrais
Un début plus pompeux & plus Philosophique.

M. CARONDAS.

Cette simplicité, Madame, est énergique.

CYDALISE, *rêvant.*

Non, non, je cherche un tour qui soit moins familier.

---

* Commencement du Livre intitulé : *Considérations sur les Mœurs.*

(*Avec humeur.*)

On n'a jamais écrit ſur de pareil papier.
Effacez donc, Monſieur ; votre encre eſt déteſ-
ſtable. (*Elle rêve.*)
Je ne pourrai trouver un tour plus favorable !
(*Avec impatience.*)
Ah ! Valere, après tout, devrait bien être ici.
Je ne me ſens jamais tant d'eſprit qu'avec lui.
(*Elle rêve.*)
Quoi ! pas même une idée ? Ah ! je ſuis au
ſupplice.

M. CARONDAS.

Madame, le génie a ſes jours de caprice,
Et ceci me rappelle un mot de Suidas,
Qui dit élégamment...

CYDALISE.

Hé ! Monſieur Carondas,
Laiſſez les morts en paix. J'avais un trait ſu-
blime, (*Elle rêve.*)
Qui m'échappe. Attendez... mais, oui ; ce
tour exprime...
(*Avec impatience.*)
Ecrivez. Non, la phraſe a trop d'obſcurité.
Je ne ſentis jamais cette ſtérilité.
Quel métier ! finiſſons. C'en eſt fait, j'y re-
nonce.

L'Imprimeur attendra, portez-lui ma réponſe.
Non, revenez. Enfin je l'ai trouvé : j'y ſuis.
Vîte, écrivez, Monſieur : *Jeune homme, prends & lis* *.
Jeune homme prends & lis. Le tour eſt-il unique?
Qu'en penſez-vous, Monſieur ?

M. CARONDAS.

Sublime, magnifique !
C'eſt le ton du Génie & de la Vérité.

CYDALISE.

J'oublie en le liſant tout ce qu'il m'a coûté.
Jeune homme prends & lis ! il eſt inimitable,
Et Valere en ſera d'une joie incroyable.

M. CARONDAS.

D'un doux fremiſſement vous vous ſentez troubler.
Jeune homme, prends & lis. L'oracle va parler ;
La Nature à tes yeux ici ſe manifeſte.
Non, rien n'eſt ſi ſublime, & pourtant ſi modeſte.

CYDALISE.

Mais que nous veut Marton?

---

* C'eſt le début faſtueux du Livre intitulé : *l'Interprétation de la Nature*.

SCENE IV.

CYDALISE, MARTON, M. CARONDAS.

MARTON.

Madame, c'eſt Damis,
Qui demande à vous voir.

CYDALISE.

Que ſon tems eſt mal pris!
J'allais finir ſans lui. L'importun perſonnage!
On ne me permet pas d'achever un Ouvrage.

MARTON.

Valere achevera.

M. CARONDAS.

Qu'appellez-vous finir?
L'Ouvrage eſt fait, Madame, à n'y plus revenir.
Je le donne en dix ans à nos plus grands génies.

CYDALISE.

Oui, vous avez raiſon. Faites-en vingt copies.
Ah! je reſpire enfin, & j'ai ſû m'en tirer.
Jeune homme, prends & lis. Oui, Damis peut entrer.

SCENE V.

SCENE V.

DAMIS, CYDALISE.

CYDALISE.

Vous voilà de retour?

DAMIS.

Oui, je reviens, Madame,
Pour me plaindre de vous & vous ouvrir mon ame,
Je n'apperçois que trop, & c'eſt avec douleur,
Que j'ai perdu mes droits au fond de votre cœur,
Et que votre amitié s'eſt enfin ralentie;
Mais la mienne jamais ne s'étant démentie,
Souffrez que je rappelle à votre ſouvenir
Un eſpoir que le tems ne dut pas en bannir.
Vous ſavez à quel point votre fille m'eſt chere;
C'eſt votre aveu, du moins c'eſt celui de ſon pere,
Qu'en faveur de mes feux je réclame aujourd'hui,
Puiſqu'enfin près de vous j'ai beſoin d'un appui.

CYDALISE.

Le titre, je l'avoue, eſt aſſez légitime;
Je conviens de mes torts, non pas que mon eſtime,
Ni que cette amitié qui m'attachait à vous,
Ne ſoient encor pour moi des ſentimens bien doux,
Et c'eſt ce que d'abord on aurait dû vous dire:

Mais j'ai formé des nœuds dont le charme m'attire,
J'ai suivi trop longtems les frivoles erreurs
D'un monde que j'aimais. L'âge a changé mes mœurs.
Aujourd'hui toute entiere à la Philosophie,
Libre des préjugés qui corrompaient ma vie,
N'existant plus enfin que pour la vérité,
Je me suis fait, Damis, une société,
Peu nombreuse, il est vrai : je vis avec des Sages,
Et j'apprends à penser en lisant leurs ouvrages :
J'ai choisi l'un d'entr'eux pour ma fille, & ce soir,
Cette heureuse union doit combler mon espoir,
C'est à vous de juger si, quoique votre amie,
Je dois vous immoler le bonheur de ma vie.

DAMIS.

Non, pour votre bonheur je donnerais mes jours,
Et la même amitié m'inspirera toujours.
Mais quels sont donc enfin ces rares avantages
Attachés, dites-vous, au commerce des Sages.
Je ne prends point pour tels un tas de Charlatans,
Qu'on voit sur des trèteaux ameuter les passans,
Qui mettent une enseigne à leur Philosophie :
De tous ces importans ma raison se défie.
De ce vain appareil le Vulgaire est séduit.
Moi, je suis de ces gens qui font peu cas du bruit,
Et je distingue fort l'ami de la sagesse,
Du pédant qui s'enroue à la prêcher sans cesse.

CYDALISE.

Je sçais tout le mépris que l'on doit aux pédans,
Et ne les confonds pas avec les vrais Savans.
Epargnez-vous, Monsieur, cette satyre amere,
Ceux que je peux nommer, Théophraste, Valere,
Dortidius enfin, sont tous assez connus.....

DAMIS.

Je ne connais entr'eux que ce Dortidius.
Quoi! Madame, il en est?

CYDALISE.

D'où vient cette surprise?

DAMIS.

Je l'ai connu, vous dis-je; excusez ma franchise:
Apparemment qu'alors il cachait bien son jeu;
Mais ce n'était qu'un sot, presque de son aveu.
Quelqu'un me le fit voir, & malgré sa grimace,
Et les plats complimens qu'il vous adresse en face,
Et le sucre apprêté de ses propos mielleux,
Je ne lui trouvai rien de si miraculeux.
Malgré son ton capable, & son air hipocrite,
Je ne fus point tenté de croire à son mérite,
Et je ne vis en lui pour le peindre en deux mots,
Qu'un froid enthousiasme imposant pour les sots.

CYDALISE.

Ce jugement fait tort à votre intelligence,
Et ce Dortidius fait honneur à la France;
Son nom chez les Savans fut toujours en crédit,

Et je ne ſçais pourquoi tout le monde én médit.
Mais quittons ce propos. Ces rares avantages,
Dont je ſuis redevable au commerce des Sages,
Je dois vous en parler & leur en faire honneur.
Peut être, après cela, leur tiendrez vous rigueur.
N'importe, il faut du moins apprendre à les connaître.
J'avais des préjugés qui dégradaient mon être;
Vainement ma raiſon voulait s'en dégager,
L'habitude bientôt venait m'y replonger.
Les plus vaines terreurs me déclaraient la guerre,
Je croyais aux eſprits, j'avais peur du tonnerre,
Je rougis devant vous de ces abſurdités,
Mais on nous berce enfin de ces frivolités,
Et leur impreſſion n'en eſt que plus durable.
Notre éducation, frivole, mépriſable,
Loin de nous eclairer ſur le vrai, ni le faux,
N'eſt que l'art dangereux de maſquer nos défauts.
Mes yeux ſe ſont ouverts, hélas! trop tard peut-être!
A ces hommes divins, je dois un nouvel être.
Le hazard préſidait à mes attachemens,
J'étais aux petits ſoins avec tous mes parens,
Et les dégrés entre eux réglaient les préférences.
Cet ordre s'étendait juſqu'à mes connoiſſances.
J'avais tous ces travers, beaucoup d'autres encor;
Enfin mes ſentimens ont pris un autre eſſor.
Mon eſprit épuré par la philoſophie

Vit l'Univers en grand, l'adopta pour Patrie,
Et mettant à profit ma ſenſibilité,
Je ne m'attendris plus que ſur l'humanité.

DAMIS.

Je ne ſçais, mais enfin duſſé-je vous déplaire,
Ce mot *d'humanité* ne m'en impoſe guére,
Et par tant de fripons je l'entens répéter,
Que je les crois d'accord pour le faire adopter.
Ils ont quelque intérêt à le mettre à la mode.
C'eſt un voile à la fois honorable & commode,
Qui de leurs ſentimens maſque la nullité,
Et prête un beau dehors à leur aridité.
J'ai peu vû de ces gens qui le prônent ſans ceſſe,
Pour les infortunés avoir plus de tendreſſe,
Se montrer, au beſoin des amis, plus fervens,
Etre plus généreux, ou plus compatiſſans,
Attacher aux bienfaits un peu moins d'importance,
Pour les défauts d'autrui marquer plus d'indulgence,
Conſoler le mérite, en chercher les moyens,
Devenir, en un mot, de meilleurs citoyens;
Et pour en parler vrai, ma foi, je les ſoupçonne
D'aimer le genre humain, mais pour n'aimer perſonne.

CYDALISE.

Vous en voulez beaucoup à cette humanité.

DAMIS.

On en abuse trop, & j'en suis révolté.
C'est pour le cœur de l'homme un sentiment trop vaste,
Et j'ai vû quelquefois, par un plaisant contraste,
De ce systême outré les plus chauds partisans,
Chérir tout l'Univers, excepté leurs enfans.

CYDALISE.

En vérité, Monsieur, les Sages sont à plaindre,
Et vous êtes pour eux un adversaire à craindre.
Le siécle & la Patrie ont beau s'en applaudir,
Sur le bien qu'ils ont fait il vaut mieux s'étourdir,
Et servir d'interprete & d'organe à l'envie.

DAMIS.

Hé! quel bien a produit cette Philosophie?
Je ne découvre pas ces succès éclatans.
Je vois autour de moi de petits importans,
Qui, pour avoir un ton, enrôlés dans la Secte,
Pensent avoir perdu leur qualité d'insecte.
Se croyant une Cour & des admirateurs,
Pour le malheur des Arts, devenus protecteurs.
Ne se réveillant pas aux traits de la satyre,
Et ne devinant rien à ces éclats de rire,
Dont en tous lieux pourtant on les voit poursuivis;
Louant, admirant tout dans les autres Pays,
Et se faisant honneur d'avilir leur Patrie:
Sont-ce là les succès sur lesquels on s'écrie?

CYDALISE.

J'admire vos raiſons, elles ſont d'un grand poids ;
Et vous me citez-là des exemples de choix,
Bien dignes en effet d'appuyer votre cauſe.
Mais un abus jamais prouva-t-il quelque choſe ?
Faudrait-il renoncer pour quelques importuns ? ..

DAMIS.

Madame, ces abus deviennent trop communs.
J'en prévois pour les mœurs d'étranges cataſtrophes,
Et je ſuis allarmé de tant de Philoſophes.

CYDALISE.

Reſtez, Monſieur, reſtez dans votre opinion.
Il n'eſt point de remède à la prévention ;
A penſer autrement vous auriez du ſcrupule,
Hé ! que peut la raiſon ſur un eſprit crédule !

DAMIS.

On croit avoir tout dit, Madame, avec ce mot.
Crédule eſt devenu l'équivalent de *ſot* :
Aux yeux de bien des gens, du moins la choſe eſt
claire.
Pour moi, que ces gens-là ne perſuadent guére,
Et que leur ton railleur n'épouvanta jamais,
J'ai mon avis, Madame, & ſi je leur déplais,
J'en gémis, mais ſur eux. Je crois ce qu'il faut croire ;
J'oſe le déclarer, je le dois, j'en fais gloire.
Ces Meſſieurs peuvent rire, & ſans m'humilier :
Il faut bien leur laiſſer le droit de s'égayer.

Mais moi, j'ose à mon tour les trouver ridicules,
Et souvent la bêtise a fait des incrédules.

CYDALISE.

Voilà parler en Sage, & je vous applaudis ;
C'est très-bien fait à vous que d'avoir un avis.
Mais, sans nous égarer dans ces hautes matieres,
Je sais ce que je dois aux talens, aux lumieres,
De ces hommes de bien que vous persécutez.

DAMIS.

Ils vous ont donc appris de grandes vérités.
Je ne le croyais pas. Ils ont l'art de détruire ;*
Mais ils n'élevent rien, & ce n'est pas instruire.
Quel fruit attendez-vous de leurs vains argumens ?
Je n'en prévois que trop les effets affligeans.
Vous irez sur leurs pas de sophisme en sophisme,
Vous perdre dans la nuit d'un triste pyrrhonisme.
Ah ! renoncez, Madame, à ces perturbateurs ;
Ce sont eux que l'on doit nommer persécuteurs.
Abjurez une erreur qui vous est étrangère,
Et reprenez enfin votre vrai caractère.

CYDALISE.

Vous avez donc tout dit ? J'admire le bon sens,
Et la solidité de vos raisonnemens.
Dans un très-haut éclat votre mérite y brille ;
Mais j'ai pris mon parti. Vous n'aurez point ma fille.
Adieu, Monsieur. (*Elle sort.*)

DAMIS.

Ah ! Ciel ! Je ne sçais où j'en suis !

* Diruit, aedificat, mutat quadrata rotundis. Hor. lib. 1. ep. 1.

SCENE VI.

DAMIS, CRISPIN.

CRISPIN.

HE ! bien, cette démarche a-t-elle eu d'heureux
Fruits ?
Epousons nous, Monsieur ? Cydalise, sans doute.....

DAMIS.

Je viens de lui parler, Crispin : mais qu'il m'en
coûte !
Il me faut renoncer à cet hymen.

CRISPIN.

Comment ?

DAMIS.

Je suis congédié.

CRISPIN.

Quoi ! là . . . formellement ?

DAMIS.

Formellement, Crispin.

CRISPIN.

Comment ! nous sçavons plaire,
Monsieur, & nous serions éconduits par Valere !
N'est-il point de remede ?

DAMIS.

Oh ! je n'en vois aucun.

CRISPIN.

Bon! vous n'y pensez pas: moi, j'en vois cent pour un.
Il faut tout simplement enlever Rosalie.
C'est le plus court.

DAMISE.

Crispin, quel excès de folie!
Croîs-tu qu'elle y consente, & la connaîs-tu bien
Pour me parler ainsi ?

CRISPIN.

Je goutais ce moyen;
Mais puisqu'il vous déplaît, il faut dans cette affaire
Recourir au plus sûr. J'irais trouver Valere,
Et je voudrais, morbleu, lui parler sur un ton
A lui faire ce soir déserter la maison.

DAMIS.

Ce serait en effet le parti le plus sage;
Mais Cydalise.

CRISPIN.

Hé! bien?

DAMIS.

N'y verra qu'un outrage,
Et c'est précisément le moyen de l'aigrir,
Le secret de me perdre, à n'en plus revenir.

CRISPIN.

Allons, c'est donc à moi par une heureuse audace,
D'éclairer Cydalise, & de donner la chasse
A tous ces discoureurs qui lui gâtent l'esprit.
Auprès d'elle, à mon tour, j'aurai quelque crédit.

Et pour peu que Marton seconde l'entreprise,
A la raison bientôt vous la verrez soumise.

DAMIS, *avec joie d'abord.*

Ah! Crispin... mais comment s'en reposer sur toi?

CRISPIN, *avec emphase.*

Je veux qu'elle balance entre Valere & moi.
Vous ne connaissez pas encor tout mon mérite;
Vous voyez le Strabon d'un nouveau Démocrite.

DAMIS.

Toi?

CRISPIN.

Moi-même, Monsieur; j'ai fait plus d'un métier:
Un Sage à ses travaux daigna m'associer;
Et quelques jours mon nom eût été sur la liste,
Du moins il m'en flattait, quand j'étais son Copiste.

DAMIS.

Comment?

CRISPIN.

J'avais déjà quelques admirateurs;
Ah! qu'il m'a fait de tort en fuyant les honneurs,
Pour vivre dans les bois! je lui dois la justice
Qu'il ne connut jamais la brigue, l'artifice.
De sa Philosophie il étoit entêté,
Au fond plein de droiture & de sincérité.
Animal à la fois Misanthrope & Cynique,
C'étoit vraiment un fou dans son espece unique.

DAMIS.

Ah! puis-je l'écouter dans le trouble où je suis?

C vj

* le celebre Jean Jacques Rousseau: il s'est retiré depuis quelques années à Montmorenci. Voiez une lettre de lui sur cette louange, à la fin de cette comédie.

SCENE VII.

DAMIS, MARTON, CRISPIN.

MARTON.

ALLONS, Monsieur, il faut éclaircir ces ennuis;
Vîte, de la gaité.

DAMIS.

Comment! Que veux-tu dire?

MARTON.

Il faut d'abord, Monsieur, commencer par en rire.

CRISPIN.

Oui, rions, c'est bien dit.

DAMIS.

Je suis au désespoir!

MARTON.

Bon! Vous n'y pensez pas, & vous voyez trop noir.

CRISPIN.

Mais je crois qu'en effet elle a quelque vertige.

MARTON.

Consolez-vous.

DAMIS.

Marton.....

MARTON.

Consolez-vous, vous dis-je.

DAMIS.

Qu'est-il donc arrivé?

MARTON.

Vous l'apprendrez; venez.

Oui, je vous mets au rang des Amans fortunés.

ACTE III.

SCENE PREMIERE.

DAMIS, MARTON, CRISPIN.

DAMIS.

JE ne peux revenir encor de ma ſurpriſe !
C'eſt donc ainſi, Marton, qu'ils trompaient Cydaliſe ?

MARTON.

J'eſpère qu'à la fin elle entendra raiſon.

DAMIS.

Oh ! je n'en doute plus, ce billet eſt trop bon !
Que ne te dois-je pas pour cette découverte ?

MARTON.

L'heureux hazard, Monſieur, que cette porte ouverte !
Ma foi, je le guettais, & depuis fort longtems ;

J'avais toujours bien dit qu'il était de leurs gens.
Je l'aurais affirmé.

CRISPIN.

C'est Frontin qu'il se nomme :
A ce nom-là d'abord j'aurais reconnu l'homme.

MARTON.

Mais qui se chargera de rendre cet écrit ?

DAMIS.

Toi.

MARTON.

Moi ? je me perdrais, Monsieur, dans son esprit.
Je n'oserai jamais.

DAMIS.

Marton. . . . .

MARTON.

A ma Maîtresse,
Un billet de ce stile ! oh ! non : point de faiblesse,
Il m'en coûterait trop.

DAMIS.

Mais . . .

MARTON.

Propos superflus ;
Je ne le ferai pas.

DAMIS.

Ni moi.

CRISPIN.

Ni moi non plus.

MARTON.

C'eſt que d'ailleurs il faut le rendre en leur préſence,
Ou nous ne tenons rien.

DAMIS.

Certainement.

CRISPIN.

Silence.
Cydaliſe, je crois, ne m'a jamais vû?

MARTON.

Non.

CRISPIN.

Et je ſuis inconnu dans toute la maiſon?

MARTON.

Oui.

CRISPIN.

Je veux à la fois m'introduire & lui plaire.
Donnez-moi ce billet, je prends ſur moi l'affaire.
Allez, Monſieur, allez, je ſaurai vous ſervir.

MARTON.

Mais vraiment j'entrevois qu'il pourra réuſſir.

CRISPIN.

Je ne veux que Marton pour prix de mes ſervices.
Que n'oſerai-je pas ſous de pareils auſpices?

MARTON.

On vient, c'eſt l'aſſemblée, éloignez-vous tous deux.

DAMIS.

Je me fie à tes soins du succès de mes vœux.

MARTON.

Hé ! vîte, éloignez-vous, de crainte de surprise.

SCENE II.

LES PHILOSOPHES, MARTON.

MARTON, *leur faisant une profonde révérence.*

JE vais vous annoncer, Messieurs, à Cydalise.

SCENE III.

LES PHILOSOPHES.

THÉOPHRASTE, *à Valere.*

HÉ ! bien, le mariage est enfin décidé ?

VALERE.

Oui, j'épouse ce soir. Le Notaire est mandé.

DORTIDIUS.

Parbleu, j'en suis ravi.

THÉOPHRASTE.

Que je t'en félicite !

DORTIDIUS.

Ma foi, cette fortune eſt dûe à ton mérite.

THÉOPHRASTE.

Oui, malgré le dépit de tous les envieux.

DORTIDIUS.

Dans le fond, tu pouvais eſpérer beaucoup mieux.

VALERE.

Meſſieurs.

DORTIDIUS.

Non je le penſe, & c'eſt ſans flatterie.

VALERE.

Vous voulez...

DORTIDIUS.

Nous ſavons honorer ton génie.

VALERE.

Ah! tu me rends confus avec ces complimens.

DORTIDIUS.

Mais c'eſt la vérité.

VALERE.

Si j'avais tes talens,
Si je réuniſſais tes qualités ſublimes,
Ces éloges alors deviendraient légitimes.

THE'OPHRASTE.

Et la future enfin conſent donc?

VALERE.

A regret;
Mais que me fait à moi ſon déplaiſir ſecret?

THE'OPHRASTE.

Sans doute, avec le tems tu la rendras docile.

DORTIDIUS.

Il faut que Rosalie ait le goût difficile.

VALERE.

Je ne sais quel Rival me dispute son cœur;
Mais Cydalise au fond n'en a que plus d'ardeur.

DORTIDIUS, *en riant.*

Cydalise ... conviens que la dupe est bien bonne.

VALERE.

Que mon hymen s'acheve, & je te l'abandonne.
Je mourais, si l'affaire eût traîné plus longtems,
Et jamais à ce point on n'excéda les gens.

DORTIDIUS.

Moi, ton hymen conclu, d'honneur, je me retire.

THÉOPHRASTE.

Ma foi, je quitte aussi; le moyen d'y suffire!
(*A Valere.*)
Toi du moins, tu pouvais, animé par l'espoir,
Te faire une raison, t'ennuyer par devoir,
Et l'Amour ...

VALERE, *riant.*

Oui, l'Amour! c'est bien ce qui me tente!

DORTIDIUS.

Il épouse parbleu dix mille écus de rente.

VALERE, *à Théophraste.*

Quoi donc! me trouves-tu le ton d'un Amoureux?

Ce ſerait à mon âge un ridicule affreux.
On revient aujourd'hui de cette erreur commune,
Et l'on ſonge au plaiſir, mais après la fortune.

THE'OPHRASTE.

Il a vraiment raiſon.

DORTIDIUS.

Je penſe comme lui.

VALERE.

Aurais-je ſans cela pu ſupporter l'ennui
Qui m'obſédait ſans ceſſe auprès de cette folle?
Eût-elle été Venus, j'aurais quitté l'idole.
Oh! je ne donne pas dans de pareils travers.

THE'OPHRASTE.

On devrait l'avertir de réformer ſes airs;
Elle était autrefois moins difficile à vivre,
D'où vient qu'elle a changé?

VALERE.

Mais c'eſt depuis ſon Livre.

THE'OPHRASTE.

Quoi! ſérieuſement le fait-elle imprimer?

VALERE.

Oui.

THE'OPHRASTE.

Si l'on n'y met ordre, il faudra l'enfermer.

DORTIDIUS.

Sais-tu bien qu'au beſoin ce trait pourrait ſuffire,
Si tu penſais jamais à la faire interdire.

THÉOPHRASTE.

Connais-tu ſon diſcours ſur les devoirs des Rois ?

VALERE.

Ah ! ne m'en parle pas, je l'ai relu vingt fois ;
Il fallait, à toute heure, eſſuyer cet orage.

DORTIDIUS, *ſérieuſement.*

Entre nous, cependant, c'eſt ſon meilleur ouvrage.
Le crois-tu de ſa main ?

VALERE.

Bon ! tu veux plaiſanter.

DORTIDIUS, *toujours ſérieuſement.*

Non, d'honneur ; il me plaît.

VALERE.

Et tu peux t'en vanter !

DORTIDIUS.

Je te dis qu'il eſt bien ; mais très-bien.

VALERE.

Tu veux rire.
C'eſt une abſurdité qui va juſqu'au délire.

DORTIDIUS.

Si j'en penſais ainſi, je le dirais très-bas.

VALERE.

Va, ton air ſérieux ne m'en impoſe pas.

DORTIDIUS, *fâché.*

Enfin, Monſieur décide, & chacun doit ſe taire.

VALERE.

Mais au ton que tu prends, je t'en croirais le pere.

DORTIDIUS.

Hé ! bien, s'il était vrai...

VALERE.

Ma foi, tant pis pour toi.

DORTIDIUS, *plus fâché.*

Mais, mon petit Monſieur.

VALERE.

Je ſuis de bonne foi.

DORTIDIUS.

Je pourrais en venir à des vérités dures.

VALERE.

Toujours, quand on a tort, on en vient aux injures.

DORTIDIUS.

Vous me pouſſez à bout !

VALERE.

Et j'en ris, qui plus eſt.

DORTIDIUS, *furieux.*

Ah ! c'en eſt trop enfin.

THÉOPHRASTE.

Hé ! Meſſieurs, s'il vous plaît...

DORTIDIUS.

Plaiſant original, pour me rompre en viſiere !

THÉOPHRASTE, *ſe mettant entr'eux.*

Meſſieurs, n'imitons pas les pédans de Moliere.

Permettez-moi tous deux de vous mettre d'accord.

VALERE.

Moi, j'ai raiſon.

THÉOPHRASTE, *à Valere.*

Sans doute.

DORTIDIUS.

Et moi, je n'ai pas tort.

THÉOPHRASTE, *à Dortidius.*

Vraiment non. Mais enfin on pourrait vous entendre,
Et déja Cydaliſe aurait pu nous ſurprendre.

DORTIDIUS.

L'eſtime qui toujours devrait nous animer.....

THÉOPHRASTE.

Il n'eſt pas queſtion, Meſſieurs, de s'eſtimer;
Nous nous connaiſſons tous : mais du moins la prudence
Veut que de l'amitié nous gardions l'apparence.
C'eſt par ces beaux dehors que nous en impoſons,
Et nous ſommes perdus, ſi nous nous diviſons.
Il faut bien ſe paſſer certaines bagatelles.
Tenez, on vient à nous. Oubliez vos querelles.

SCENE IV.

CYDALISE, LES PHILOSOPHES.

CYDALISE, *un Livre à la main.*

PARDON, ſi j'ai tardé ; je m'occupais de vous,
Et ce ſont-là toujours mes momens les plus doux.

Aſſeyons-nous, Meſſieurs : Ah ! vous voilà, Valere?
On vient de m'apporter le projet du Notaire,
Vous en ſerez content.

VALERE.

Le plus cher de mes vœux,
Vous le ſavez, Madame, en formant ces beaux nœuds,
C'eſt d'affermir encor l'amitié qui nous lie.

CYDALISE.

Je vous dois le bonheur répandu ſur ma vie,
Je m'acquite envers vous. Mais, Meſſieurs, à l'inſtant
Vous parliez avec feu. Quel ſujet important
Pouvait vout diviſer ? J'ai cru du moins entendre
Que l'on ſe diſputait.

VALERE, *avec un peu d'embarras.*

Il eſt vrai.

CYDALISE.

Puis-je apprendre
Sur quoi vous diſſertiez avec tant d'intérêt ?

VALERE.

Puiſqu'il faut l'avouer, vous en étiez l'objet.

CYDALISE.

Moi ?

VALERE.

Vous. Cette chaleur en eſt le témoignage.

CYDALISE.

CYDALISE.

Quoi donc ?

VALERE.

Ah ! je ne puis en dire davantage.
Je ne sais point louer en présence des gens.
Parlez, Messieurs, parlez.

THÉOPHRASTE.

Tu permets ?

VALERE.

J'y consens

THÉOPHRASTE.

Dans les siecles passés on cherchait un génie,
Qu'on pût vous comparer. Je citais Aspasie,
Et Monsieur se fâchait de la comparaison.

VALERE.

Je la trouve choquante, & voici ma raison.
Aspasie autrefois put briller dans Athene ;
Mais la Philosophie y fleurissait à peine.
Tous les peuples frappés de son éclat nouveau,
Durent se prosterner autour de son berceau ;
Tout fut surpris alors. Des talens ordinaires
Brillaient à peu de frais, dans ces siecles vulgares
Mais de nos jours l'esprit a fait tant de progrès ;
Il est si difficile, après tant de succès,
De se mettre au niveau de ces hommes célebres,
Par qui la barbarie a vu fuir ses ténébres ;
Que je ne puis souffrir, sans me mettre en courroux,
Que l'on balance encore entre Aspasie & vous.

(A Théophraste.)

Comparez donc les tems, & voyez où vous êtes.

THÉOPHRASTE.

Mais les comparaisons ne sont jamais parfaites.

VALERE.

Allons, vous aviez tort.

THÉOPHRASTE.

Je le sens, j'en rougis.

CYDALISE.

N'allez pas là-dessus demander mon avis;
Je sais trop...

VALERE, *avec un ton de sentiment.*

Nous savons que vous êtes sublime.

DORTIDIUS.

Ce sont nos sentimens; mais comme il les exprime!
Il sçait tout embellir.

CYDALISE, *vivement.*

Ah! c'est la vérité.

VALERE, *lui baisant la main.*

Vous me pardonnez donc cette vivacité?

CYDALISE.

Je devrais le gronder, son esprit me désarme;
On ne peut y tenir, *& je suis sous le charme.* *

DORTIDIUS.

Personne ne sçait mieux se rendre intéressant.

VALERE.

Je vois que le génie est toujours indulgent.

* Voyez *le Fils naturel* page 168 : je m'écriai presque sans le vouloir, *il est sous le charme.*

CYDALISE.

Monſieur Dortidius, dit-on quelques nouvelles ?

DORTIDIUS.

Je ne m'occupe point des Rois, de leurs querelles :
Que me fait le ſuccès d'un ſiége ou d'un combat ?
Je laiſſe à nos oiſifs ces affaires d'Etat.
Je m'embarraſſe peu du pays que j'habite,
Le véritable Sage eſt un Coſmopolite.

CYDALISE.

On tient à la Patrie, & c'eſt le ſeul lien...

DORTIDIUS.

Fi donc ! c'eſt ſe borner que d'être Citoyen.
Loin de ces grands revers qui déſolent le monde,
Le Sage vit chez lui dans une paix profonde ;
Il détourne les yeux de ces objets d'horreur ;
Il eſt ſon ſeul Monarque & ſon Légiſlateur ;
Rien ne peut altérer le bonheur de ſon être :
C'eſt aux Grands à calmer les troubles qu'ils font
naître.

THÉOPHRASTE.

Il voit en philoſophe, & c'eſt voir comme il faut.

CYDALISE.

On ne trouve jamais ſon eſprit en défaut.

VALERE.

Madame, il a raiſon. L'eſprit philoſophique
Ne doit point déroger juſqu'à la politique.
Ces guerres, ces traités, tous ces riens importans,

S'enfoncent par dégrés dans l'abîme des tems.
Tout cela disparait au flambeau du génie,
Et si l'on peut parler sans fausse modestie,
Excepté vous, & nous, je ne découvre rien
Qui puisse être l'objet d'un honnête entretien.

CYDALISE.

Oui, véritablement, ce sont-là des misères.

THÉOPHRASTE.

Qu'il faut abandonner à des esprits vulgaires.

CYDALISE.

Je n'appellerai pas de votre autorité.
A propos, parle-t-on de quelque nouveauté?

VALERE.

Nous n'en protegeons qu'une.

CYDALISE.

Un chef d'œuvre, sans doute?

VALERE.

C'est une découverte, une nouvelle route,
Que l'un de nous, Madame, entreprend de tracer;
Un genre où le génie a de quoi s'exercer.

CYDALISE.

Une Tragédie?

VALERE.

Oui, purement domestique, *
Comme nous les voulons.

CYDALISE.

Je craindrais la critique;

* Voyez les Entretiens à la suite du *Fils naturel*.

Contre les nouveautés elle a toujours raiſon ;
Et le Public...

VALERE.

Vraiment, il décide en oiſon ;
Nous ſçavons bien cela : mais nous ferons la guerre. *

CYDALISE.

Je ne ſçais, le vieux goût tient encore au Parterre.

VALERE.

Nous riſquons, il eſt vrai, ſurtout les premiers jours ;
Mais nous ferons un bruit à rendre les gens ſourds.
Nous avons des amis, qui de loges en loges,
Vont crier au miracle, & forcer les éloges ;
N'avons-nous pas d'ailleurs le ſuccès des Soupés ?

CYDALISE.

Oui ; je n'y ſongeais pas, & vous me détrompez.

VALERE.

Nous avons tant de gens qui pour nous ſe dévouent,
Tant de petits Auteurs qui par orgueil nous louent,
Que je ſuis aſſuré qu'avec un peu d'encens,
Nous leur ferions à tous abjurer le bon ſens.

THÉOPHRASTE.

Ha, ha, ha, ha, ha, ha, c'eſt la vérité pure.

VALERE.

Mais non, ſans plaiſanter, j'en ferais la gageure.

CYDALISE.

Et ce chef-d'œuvre enfin l'attendrons-nous longtems ?

VALERE.

Nous ſommes occupés de ſoins plus importans.

* Bella per Aonios plusquam civilia campos. Ovid. Epigraphe du [illegible], dont la [illegible] Voltairomanie.

CYDALISE.

Quoi donc ?

VALERE.

Certain Auteur dans une Comédie
Veut, dit-on, nous jouer.

CYDALISE.

L'entreprise est hardie.

DORTIDIUS, *avec feu.*

Nous jouer ! Mais vraiment, c'est un crime d'Etat ;
Nous jouer !

VALERE.

Nous sçaurons parer cet attentat.

CYDALISE.

Ah ! Le Public entier ...

DORTIDIUS.

Nous pourrions nous méprendre,
Nous l'avons mal méné ; s'il allait nous le rendre ...

CYDALISE.

Ah ! tous les Magistrats éleveraient la voix.

THE'OPHRASTE.

Nous nous sommes brouillés avec ces gens de loix.

CYDALISE.

Mais la Cour ...

VALERE.

Ne prendra jamais notre querelle ;
Nous en avons agi lestement avec elle.

DORTIDIUS.

Vous verrez qu'il faudra dire un mot à l'Auteur.

THE'OPHRASTE.

Oui, du moins on pourrait essayer s'il a peur.

VALERE.

Le pis aller, Messieurs, c'est d'attendre l'orage,
Jusques-là, diffamons & l'Auteur & l'Ouvrage;
Armons la main des sots pour nous venger de lui;
Portons des coups plus sûrs en nous servant d'autrui,
Ne peut-on pas gagner des Acteurs, des Actrices?
Nous aurons un parti jusques dans les coulisses.
Il faut de la cabale exciter les rumeurs,
Nous montrer, même en loge, aux yeux des spectateurs.
Je connais le Public, nous n'avons qu'à paraître:
Il nous craint.

CYDALISE.

C'est bien dit: qui le brave est son maître.
Mais notre Colporteur tarde bien à venir.
Il devrait être ici: qui peut le retenir?

DORTIDIUS.

Peut-être qu'il attend.

CYDALISE.

Il faut qu'on l'avertisse.

THE'OPHRASTE.

Le voici justement.

SCENE VI.

CYDALISE, LES PHILOSOPHES, M. PROPICE.

CYDALISE.

Entrez, Monsieur Propice.
Avez-vous du nouveau ?

M. PROPICE.

Je ne cours pas après,
Madame. Avez-vous lû les *Bijoux indiscrets* ? *
C'est une gaillardise assez philosophique,
Du moins à ce qu'on dit.

CYDALISE.

L'idée en est comique ;
Mais cela n'est plus neuf.

M. PROPICE.

Cela se vend toujours.

CYDALISE.

Passons.

M. PROPICE.

Connaissez-vous la *Lettre sur les sourds* ?

CYDALISE.

L'Auteur m'en fit présent.

* Roman obscene, attribué à Diderot 1748.

DORTIDIUS.

Tout ſon mérite y brille.

M. PROPICE.

Vous ne voudriez pas du *Pere de famille?*
Cela n'eſt pas trop bon.

DORTIDIUS, *ironiquement.*

Vous vous y connaiſſez.

M. PROPICE.

Mais le Public le dit, & je l'en crois aſſez.
Pour *le Livre des mœurs*, je me ſouviens, Madame,
De vous l'avoir vendu.

(Il lit les titres.)

Réfléxions ſur l'Ame.

CYDALISE.

Voyons. Je les connais. Eſt-ce tout?

M. PROPICE.

Vraiment, non.
L'Interprétation de la nature.

CYDALISE.

Bon.
C'eſt un Livre excellent!

DORTIDIUS.

Sublime!

THÉOPHRASTE.

Néceſſaire!

CYDALISE.

Je le garde; quelqu'un m'a pris mon exemplaire.

M. PROPICE.

Ceci, c'est le *Discours sur l'inégalité.*

CYDALISE, *le prenant.*

Ah! je vais le relire avec avidité.
Quel est cet autre écrit... là... que je vois en tête?

M. PROPICE.

Madame, ce n'est rien; c'est le *Petit Prophete.*

CYDALISE.

Ah! ah! Je m'en souviens; il est très-amusant.

M. PROPICE.

Oui, c'est un badinage infiniment plaisant.
N'attendez-vous plus rien de mon petit service?

CYDALISE.

Non. Je retiens ceci. Bon jour, Monsieur Propice.

SCENE VI.

CYDALISE, LES PHILOSOPHES.

CYDALISE.

Ah! Je relirai donc mon Livre favori.

VALERE.

Quoi! *l'Inégalité*? C'est bien le mien aussi.

THÉOPHRASTE.

Ce Livre est un thrésor; il reduit tous les hommes
Au rang des animaux, & c'est ce que nous sommes.
L'homme s'est fait esclave en se donnant des loix,

Et tout n'irait que mieux s'il vivait dans les bois.

CYDALISE.

Pour moi, je goûterais une volupté pure
A nous voir tous rentrer dans l'état de nature.

THE'OPHRASTE.

Les esprits dans l'erreur sont encor trop plongés,
Et l'on est retenu par tant de préjugés...!
Il est tant de sçavans qui n'en ont pas l'étoffe......!

CYDALISE.

Mais que nous veut Marton?

SCENE VIII.

CYDALISE, MARTON, LES PHILOSOPHES.

MARTON.

Madame, un Philosophe
Demande à vous parler.

CYDALISE.

Il se nomme?

MARTON.

Crispin.

CYDALISE.

Le nom est singulier.

DORTIDIUS.

Oui, parbleu !

CYDALISE.

Mais enfin.

Les noms ne prouvent rien : ah ! Ciel ! quelle ſurpriſe !

SCENE IX.

CYDALISE, LES PHILOSOPHES, MARTON, CRISPIN.

CRISPIN, *allant à quatre pattes.*

MAdame, elle n'a rien dont je me formaliſe.
Je ne me régle plus ſur les opinions,
Et c'eſt-là l'heureux fruit de mes réflexions.
Pour la Philoſophie un goût à qui tout céde.
M'a fait choiſir exprès l'état de quadrupéde :
Sur ces quatre piliers mon corps ſe ſoutient mieux,
Et je vois moins de ſots qui me bleſſent les yeux.

CYDALISE, *à Valere.*

Il eſt original du moins dans ſon ſyſtême.

VALERE.

Mais il eſt fort plaiſant.

MARTON.

Moi, je ſens que je l'aime

Denouëment des Philosophes.

Sur ces quatres piliers mon corps
se soutient mieux,
Et je vois moins de Sots qui me
blessent les yeux.

En mon cœur la haine abonde ;
J'en regorge à tout propos :
Depuis que je hais les sots,
Je hais presque tout le monde.

CRISPIN.

En nous civilisant, nous avons tout perdu,
La santé, le bonheur, & même la vertu.
Je me renferme donc dans la vie animale;
Vous voyez ma cuisine, elle est simple & frugale. *
On ne peut, il est vrai, se contenter à moins;
Mais j'ai sû m'enrichir en perdant des besoins.
La fortune autrefois me paraissait injuste;
Et je suis devenu plus heureux, plus robuste
Que tous ces Courtisans dans le luxe amollis,
Dont les femmes enfin connaissent tout le prix.
Prévenu de l'accueil que vous faites aux Sages,
Madame, je venais vous rendre mes hommages,
Inviter ces Messieurs, peut-être à m'imiter,
Du moins si mon exemple a de quoi les tenter.

CYDALISE.

Sçavez vous qu'on démêle, à travers sa folie,
De l'esprit?

DORTIDIUS.

Mais beaucoup.

MARTON.

Je dirais du génie;
Et jamais Philosophe à ce point ne m'a plu.

THE'OPHRASTE.

C'est ce que nous cherchions; un homme convaincu,
Qui plein de son systême, & bravant la critique,

* Il tire une Laitue de sa poche.

Aux ſpéculations veut joindre la pratique.

CYDALISE.

Dans le fond, ce ſerait un homme à reſpecter ;
Mais par les préjugés on ſe ſent arrêter.

CRISPIN.

Ma réſolution peut vous ſembler bizarre.

CYDALISE.

Vous donnez, à vrai dire, un exemple bien rare ;
Mais votre empreſſement ne peut qu'être flatteur ;
Vous êtes Philoſophe, & même à la rigueur.

CRISPIN.

Je me ſuis interdit de conſulter les modes,
J'ai cru que des habits devaient être commodes,
Et rien de plus. Encor dans un climat bien chaud...

THÉOPHRASTE.

On juge ici, Monſieur, l'homme par ce qu'il vaut,
Et non par les habits.

CRISPIN.

C'eſt penſer en vrai Sage.

CYDALISE.

Mais qui peut nous venir ?

SCENE X.

M. CARONDAS, CYDALISE, LES PHILOSOPHES, CRISPIN, MARTON.

M. CARONDAS, *fixant beaucoup Crispin & marquant de l'embarras.*

J'Ai rempli mon meſſage,
Madame . . . . . & le Notaire. . . . arrive en un moment.

CYDALISE.

Qu'avés vous ?

M. CARONDAS, *montrant Crispin qui se cache un peu derriere Cydaliſe.*

Quel eſt donc cet animal plaiſant ?

CYDALISE.

C'eſt un grand Philoſophe, il ſera de la fête.

CRISPIN.

En vérité . . . Madame . . .

M. CARONDAS, *à Valere.*

Ah ! la maudite bête !
Nous ſommes découverts.

VALERE.

Hé ! comment ?

M. CARONDAS.

C'est Crispin,
Le valet de Damis.

CRISPIN, *se relevant*,

Hé! oui, M. Frontin:
Parlez haut; oui, c'est lui.

CYDALISE.

Quel est donc ce mistére?

CRISPIN, *en montrant Valere.*

Le valet de Monsieur est votre Sécretaire,
Et je me suis servi de ce déguisement,
Pour remettre en vos mains un billet important,
(*Montrant M. Carondas*)
Surpris chez ce fripon.

CYDALISE, *ouvrant le billet*,

Je connais l'Ecriture;
(*A Valere.*)
C'est la vôtre, Monsieur.

CRISPIN.

Lisez, je vous conjure.

VALERE, *aux Philosophes.*

Ah! nous sommes perdus!

CYDALISE *lit haut, mais d'une voix altérée, & qui s'affaiblit peu à peu.*

» *Je te renvoye, mon cher Frontin, ce recueil d'imperti-*
» *nences que Cydalise appelle son Livre. Continue de flatter*
» *cette folle, à qui ton nom savant en impose. Théophraste,*

» *& Dortidius viennent de me communiquer un projet ex-*
» *cellent qui achevera de lui tourner la tête, & pour le*
» *succès duquel tu nous seras nécessaire. Ses Ridicules, ses*
» *travers, ses .....*

CRISPIN.

Elle baisse la voix,
Et n'ira pas plus loin, à ce que je prévois.

M. CARONDAS.

Ah ! traître de Crispin !

DORTIDIUS, *à Valere.*

L'aventure est fâcheuse,
Mais nous y sommes faits.

VALERE, *bas.*

Quelle disgrace affreuse !
Que lui dire ? Sortons.

CYDALISE.

Lisez, Monsieur, lisez ;
Et justifiez-vous après, si vous l'osez.
De vos séductions j'étais donc la victime !
Et mes yeux sont ouverts sur le bord de l'abîme !
Que vous avais-je fait pour me traiter ainsi ?
Allez, & de vos jours ne paraissez ici.
Votre confusion suffit à ma vengeance.
Ingrats ; d'autres peut-être auront moins d'indulgence.
C'est le dernier espoir de mon cœur outragé :

VALERE, *furieux.*

Ah! malheureux !

M. CARONDAS.

Voilà notre congé.

(*Ils sortent.*)

CYDALISE.

Les cruels, à quel point ils m'avaient prévenue !

SCENE DERNIERE.

DAMIS, ROSALIE, CYDALISE MARTON, CRISPIN.

CYDALISE.

VENEZ, Damis, venez, je sens que votre vûe
Me rappelle l'excès de mon aveuglement.

DAMIS.

Les voilà démasqués, l'erreur n'a qu'un moment.
Ils sont assez punis de n'être plus à craindre,
Et ce n'est plus à vous, Madame, de vous plaindre.

CYDALISE.

A ces hommes pervers j'avais sacrifié
Les devoirs les plus saints, & même l'amitié.
Vous êtes bien vengé ! Ma chère Rosalie,
Je reconnais mes torts, que ton cœur les oublie ;
Je les répare tous en te donnant Damis.

DAMIS.

Vous trouverez en moi les sentimens d'un fils.

ROSALIE.

Tous mes vœux sont remplis, le Ciel me rend ma mere.

CRISPIN.

Moi, j'épouse Marton pour terminer l'affaire.

MARTON, *au Public.*

Des sages de nos jours nous distinguons les traits:
Nous démasquons les faux, & respectons les vrais.

FIN.

J'AI lû par l'ordre de Monseigneur le Chancelier *Les Philosophes*, *Comédie*; je crois que l'on peut en permettre l'impression. A Paris, ce 10 Mai 1760. CREBILLON.

Lettre de M. Rousseau, de Geneve, au libraire.

à Montmorenci le 21. mai 1760.

En parcourant, Monsieur, la piece que vous m'avez envoiée*, j'ai frémi de m'y voir loué. Je n'accepte point cet horrible présent. Je suis persuadé qu'en me l'envoiant

* Les Philosophes.

vous n'avez pas voulu me faire une injure. Mais vous ignorez sans doute, ou vous avez oublié que j'ai eu l'honneur d'être l'ami d'un homme respectable indignement noirci et calomnié dans ce libelle. Signé

J.J. Rousseau.

Copié sur l'original que le libr. m'a communiqué le 24 mai 1760.

www.ingramcontent.com/pod-product-compliance
Lightning Source LLC
LaVergne TN
LVHW020027170826
845678LV00001B/143

* 9 7 8 2 3 2 9 7 7 0 7 9 6 *